Folk Songs of Jamaica

Folk Songs of Jamaica

Edited by Al Campbell

ISBN: 978-1-927395-95-0

Copyright © 2021 by Blue Tang Ltd., and Published by Guava Press, an imprint of Blue Tang Ltd.
Text copyright © 2021 by A. J. Campbell
Book Design by Nitya George
Guava Press™ is a Trademark of Blue Tang Ltd.
Guava Press™, Blue Tang Ltd., Newmarket, ON L3X 2R6, Canada
ISBN 978-1-927395-95-0

Folk Songs of Jamaica

EDITED BY AL CAMPBELL

Guava Press ™

Folk Songs Of Jamaica

Table of Contents

Moonshine Tonight

Moonshine tonight
Come mek we dance and sing
Moonshine tonight
Come mek we dance and sing

Me deh rock so
You deh rock so
Under banyan tree
Me deh rock so
You deh rock so
Under banyan tree

Ladies may curtsey
And gentlemen may bow
Ladies may curtsey
And gentlemen may bow

Me deh rock so
You deh rock so
Under banyan tree
Me deh rock so
You deh rock so
Under banyan tree

Come mek we join hands
And dance around and sing
Come mek we join hands
And dance around and sing

Me deh rock so
You deh rock so
Under banyan tree
Me deh rock so
You deh rock so
Under banyan tree

Yes, me deh rock so
You deh rock so
Under banyan tree
We deh rock so
We deh rock so
Under banyan tree

There is a Brown Girl in the Ring

There is a brown girl in the ring, tra la la la la,
There is a brown girl in the ring, tra la la la la,
There is a brown girl in the ring, tra la la la la,
For she likes sugar and I like plum.

Wheel and take your partner, tra la la la la,
Wheel and take your partner, tra la la la la,
Wheel and take your partner, tra la la la la,
For she likes sugar and I like plum.

Then skip across the ocean, tra la la la la,
Then skip across the ocean, tra la la la la,
Then skip across the ocean, tra la la la la,
For she likes sugar and I like plum.

Then dance with your partner, tra la la la la,
Then dance with your partner, tra la la la la,
Then dance with your partner, tra la la la la,
For she likes sugar and I like plum.

Then show me your motion, tra la la la la,
Then show me your motion, tra la la la la,
Then show me your motion, tra la la la la,
For she likes sugar and I like plum.

Jane and Louisa

Jane and Louisa will soon come home,
Soon come home, soon come home,
Jane and Louisa will soon come home,
Into the beautiful garden.

My dear, my love, will you allow me to pick a rose,
Pick a rose, pick a rose.
My dear, will you allow me to pick a rose,
Into the beautiful garden?

My dear, my love, will you allow me to walk with you,
Walk with you, walk with you,
My dear, will you allow me to walk with you,
Into the beautiful garden?

My dear, my love, will you allow me to wheel with you,
Wheel with you, wheel with you,
My dear, will you allow me to wheel with you,
Into the beautiful garden?

My dear, my love, will you allow me to dance with you,
Dance with you, dance with you,
My dear, will you allow me to dance with you,
Into the beautiful garden?

Dis Long Time Gal Me Never See Yuh

Dis long time gal me never see yuh
Come mek me hold yuh hand
Dis long time gal me never see yuh
Come mek me hold yuh hand

Peel head John Crow
Sit dung pan tree top
Pick out de blossom
Mek me hold yuh hand gal
Mek me hold yuh hand

Dis long time gal me never see yuh
Come mek we walk an' talk
Dis long time gal me never see yuh
Come mek we walk an' talk

Peel head John Crow
Sit dung pan tree top
Pick out de blossom
Mek we wheel an' tun gal
Mek we wheel an' tun

Peel head John Crow
Sit dung pan tree top
Pick out de blossom
Mek we walk an' talk gal
Mek we walk an' talk

Mek we wheel an' tun
Till we tumble dung
Mek we wheel an' tun gal
Mek we wheel an' tun

Dis long time gal me never see yuh
Come mek we wheel an' tun
Dis long time gal me never see yuh
Come mek we wheel an' tun

Mek me hold yuh hand
Mek we wheel an' tun
Till we tumble dung
Mek me hold yuh hand gal

Under The Coconut Tree

It was under the coconut tree, darling
It was under the coconut tree
You promised to marry to me, darling
It was under the coconut tree.

It was under the coconut tree, darling
It was under the coconut tree,
I promised to marry to you, darling
It was under the coconut tree.

It was under the coconut tree, darling
It was under the coconut tree
We promised to have and to hold, darling
It was under the coconut tree.

Let's go under the coconut tree, darling
Let's go under the coconut tree
Where we gave our love forever, darling
Let's go under the coconut tree.

Come Back Liza

Every time me rememba Liza
Waata come a me y'eye
Wen me tink pan me nice gal Liza
Waata come a me y'eye

Come back Liza, come back gal
Waata come a mi y'eye
Come back Liza, come back gal
Waata come a me y'eye

Wen me tink pan me nice gal Liza
Waata come a me y'eye
Wen me look upon Sarah dawta
Wen me look upon Vie
An' rememba me nice gal Liza
Waata come a me y'eye
Wen me tink pan me nice gal Liza
Dry de cry from me y'eye

Come back Liza, come back gal
Waata come a me y'eye
Come back Liza, come back gal
Waata come a me y'eye

Rookumbine

Rookumbine inna Santa Fe, rookumbine
Rookumbine inna Santa Fe, rookumbine

Morning Madda Cubba tell me how do yuh do
Me hear say yuh buy one new pair a shoes
Rookumbine inna Santa Fe, rookumbine
Rookumbine inna Santa Fe, rookumbine

Fadda Cubba me hear say yuh buy one dandy hat
Fadda Cubba tell me how much yuh pay fi dat
Rookumbine inna Santa Fe, rookumbine
Rookumbine inna Santa Fe, rookumbine

Train top a bridge jus a run like a breeze
Gal underneath jus' a wash off her shemeez
Rookumbine inna Santa Fe, rookumbine
Rookumbine inna Santa Fe, rookumbine

Gal inna school dis a study fi teacher
Bwoy out a road dis a study fi reach her
Rookumbine inna Santa Fe, rookumbine
Rookumbine inna Santa Fe, rookumbine

Engine a run wid fire an' coal
But di jackass a tear 'im big nose hole
Rookumbine inna Santa Fe, rookumbine
Rookumbine inna Santa Fe, rookumbine

Rookumbine inna Santa Fe, rookumbine
Rookumbine inna Santa Fe, rookumbine

Day Oh!

Day oh! Day oh!
Day deh light an' me wa'an go home
Day oh! Day oh!
Day deh light an' me wa'an go home
Come Missa Tallyman, tally me banana
Day deh light an' me wa'an go home
Come Missa Tallyman, tally me banana
Day deh light an' me wa'an go home

Day oh! Me say day, me say day, me say day oh!
Day deh light an' me wa'an go home
Day oh! Me say day, me say day, me say day oh!
Day deh light an' me wa'an go home

Me come yah fi wuk, me nuh come yah fi idle
Day deh light an' me wa'an go home
Me come yah fi wuk, me nuh come yah fi idle
Day deh light an' me wa'an go home

Day oh! Me say day, me say day, me say day oh!
Day deh light an' me wa'an go home
Day oh! Me say day, me say day, me say day oh!
Day deh light an' me wa'an go home

Six hand, seven hand, eight hand, bunch!
Day deh light an' me wa'an go home
Six hand, seven hand, eight hand, bunch!
Day deh light an' me wa'an go home

Day Oh!

Day oh! Me say day, me say day, me say day oh!
Day deh light an' me wa'an go home
Day oh! Me say day, me say day, me say day oh!
Day deh light an' me wa'an go home

De checker dem a check but dem check wid caution
Day deh light an' me wa'an go home
Me back dis a bruk wid bare exhaustion
Day deh light an' me wa'an go home
Nuh gimme so-so bunch me nuh horse wid bridle
Day deh light an' me wa'an go home
Me come yah fi wuk, me nuh come yah fi idle
Day deh light an' me wa'an go home

Day oh! Me say day, me say day, me say day oh!
Day deh light an' me wa'an go home
Day oh! Me say day, me say day, me say day oh!
Day deh light an' me wa'an go home

De River Beng Come Down

De river beng come down, de river beng come down
De river beng come down, me couldn't get over
Wha'aie oh! Wha'aie oh! Wha'aie oh!
Den a how yuh come over?

Me look inna de wa'ata, me look inna de wa'ata
Me look inna de wa'ata, me see granji granji
Wha'aie oh! Wha'aie oh! Wha'aie oh!
Den a how yuh come over?

Me tek piece a big board, me tek piece a big board
Me tek piece a big board, me chuck it pan de wa'ata
Wha'aie oh! Wha'aie oh! Wha'aie oh!
Den a how yuh come over?

Me jump pan de big board, me jump pan de big board
Me jump pan de big board, me see lillie cobra
Wha'aie oh! Wha'aie oh! Wha'aie oh!
Den a how yuh come over?

Me rock so, me rock so, me rock so, me rock so
Me rock so, me rock him come over
Wha'aie oh! Wha'aie oh! Wha'aie oh!
Den a how yuh come over?

Me rock him come over, me rock him come over
Me rock him come over de broad dutty wa'ata
Wha'aie oh! Wha'aie oh! Wha'aie oh!
Den a how yuh come over?

De River Beng Come Down

Me jump off de big board, me jump off de big board
Me jump off de big board, me jump pon de bankin'
Wha'aie oh! Wha'aie oh! Wha'aie oh!
A so me come over

A so me come over, a so me come over
A so me come over de broad dutty wa'ata
Wha'aie oh! Wha'aie oh! Wha'aie oh!
Den a so yuh come over!

Me glad me come over, me glad me come over
Me glad me come over de broad dutty wa'ata
Wha'aie oh! Wha'aie oh! Wha'aie oh!
Me glad yuh come over

De river beng come down, de river beng come down
De river beng come down, me couldn't get over
Wha'aie oh! Wha'aie oh! Wha'aie oh!
Me glad yuh come over

Me glad me come over, me glad me come over
Me glad me come over de broad dutty wa'ata
Wha'aie oh! Wha'aie oh! Wha'aie oh!
Me glad yuh come over

By the Rivers of Babylon

By the rivers of Babylon,
Where we sat down,
And there we wept,
When we remembered Zion.

Yes, by the rivers of Babylon,
There we sat down,
And there we wept,
When we remembered Zion.

Oh, the wicked carried us away in captivity,
Then required of us a song,
But how can we sing the Lord's song
In a strange land?

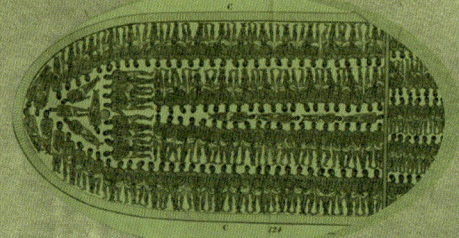

Oh, the wicked carried us away in captivity,
Then required of us a song,
But how can we sing the Lord's song
In a strange land?

So, let the words of our mouth,
And the meditations of our heart,
Be acceptable in Thy sight.
Lord tonight!

Hill an' Gully Ride

Hill an' gully ride oh! Hill an' gully!
An' you bend down low down!
An' you weigh down hoe down!
An' you come down strong now!
Dis yah day too long now!
Hill an' gully ride oh! Hill an' gully!

Hill an' gully ride oh! Hill an' gully!
Dis yah hill an' gully lan' now!
Dis a dirt a no sand now!
We ha fi wuk like a man now!
We ha fi do wha we can now!
Hill an' gully ride oh! Hill an' gully!

Hill an' gully ride oh! Hill an' gully!
We a wuk from a mornin'
We a go wuk till a evenin'
For we a wuk fi de plantin'
We a go wuk fi de reapin'
Hill an' gully ride oh! Hill an' gully!

Hill an' gully ride oh! Hill an' gully!
Me go buy one cutlass!
For me won't get wutless!
Me go wuk like a man now!
For dis a hill an' gully lan' now!
Hill an' gully ride oh! Hill an' gully!

Dip dem Bedward

Dip dem Bedward, dip dem
Dip dem in di healing stream,
Dip dem deep, but not too deep;
Dip dem fi cure bad feeling.

Some come from di east
Like a big leggo beast,
Fi guh dip inna di healing stream.
Some come from di west
Like a perfect pest,
Fi guh dip inna di healing stream.

Oh! Dip dem Bedward, dip dem
Dip dem in di healing stream,
Dip dem deep, but not too deep;
Dip dem fi cure bad feeling.

Some come from di north
Wid dem face full a wart,
Fi guh dip inna di healing stream.
Some come from di south
Wid dem big yabba mouth,
Fi guh dip inna di healing stream.

Oh! Dip dem Bedward, dip dem
Dip dem in di healing stream,
Dip dem deep, but not too deep;
Dip dem fi cure bad feeling.

Some ride jackass
but dem cyan't get a pass,
Fi guh dip inna di healing stream.
Some carry Jimmy John,
Wid dem face favah pan,
Fi guh dip inna di healing stream.

Oh! Dip dem Bedward, dip dem
Dip dem in di healing stream,
Dip dem deep, but not too deep;
Dip dem fi cure bad feeling.

Alexander Bedward
(c.1848 - 1930)

Colón Man a Come

One, two, three, four, Colón man a come,
One, two, three, four, Colón man a come,
One, two, three, four, Colón man a come,
Wid de brass chain a lick him belly,
Bang, bang, bang!

Señor Colón Man

Ask him what the time,
And him look upon the sun,
Ask him what the time,
And him look upon the sun,
Ask him what the time,
And him look upon the sun,
Wid de brass chain a lick him belly,
Bang, bang, bang!

Zoot suit and brass chain 'Merican a come,
Big boot and gold watch 'Merican a come,
Wid de brass chain a lick him belly,
Bang, bang, bang!

Oné, two, three, four, Colón man a come,
One, two, three, four, Colón man a come,
One, two, three, four, Colón man a come,
Wid de brass chain a lick him belly,
Bang, bang, bang!

Fast him leave the island, faster him come back,
Fast him leave the island, faster him come back,
Wid de brass chain a lick him belly,
Bang, bang, bang!

Me Go Down a Manuel Road

Me go down a Manuel road,
Gal an' bwoy,
Fi go bruk rock stone,
Gal an' bwoy,
Bruk dem one by one
Gal an' bwoy,
Bruk dem two by two
Gal an' bwoy,
Bruk dem three by three
Gal an' bwoy,
Bruk dem four by four
Gal an' bwoy.

Take up the one yuh like
Gal an' bwoy,
Yes, the big rock stone,
Gal an' bwoy,
Bruk dem one by one
Gal an' bwoy,
Bruk dem two by two
Gal an' bwoy,
Bruk dem three by three
Gal an' bwoy,
Bruk dem four by four
Gal an' bwoy.

Dis is the one me like
Gal an' bwoy,
Yes, the nice rock stone,
Gal an' bwoy,
Bruk dem throw dem down
Gal an' bwoy,
Bruk dem throw dem down
Gal an' bwoy,
Bruk dem one by one
Gal an' bwoy,
Bruk dem two by two
Gal an' bwoy,
Bruk dem three by three
Gal an' bwoy,
Bruk dem four by four
Gal an' bwoy.

Me go down a Manuel road,
Gal an' bwoy,
An' me find rock stone,
Gal an' bwoy,
Me go down a Manuel road,
Gal an' bwoy,
An' is nice rock stone,
Gal an' bwoy.

Come We Go Down A Solas Market

Come we go down
Come we go down
Come we go down a Solas Market
Come we go down
Come we go down
Fi go buy banana

Come we go down a Solas
Fi go buy banana
Come we go down a Solas
Fi go buy banana

Come we go down
Come we go down
Come we go down a Solas Market
Come we go down
Come we go down
Fi go buy banana

Tek up yuh long long thread bag
Inna di middle a di market
Tek up yuh long long thread bag
Inna di middle a di market

Come we go down
Come we go down
Come we go down a Solas Market
Come we go down
Come we go down
Fi go buy banana

Come we go down
Come we go down
Come we go down a Solas Market
Come we go down
Come we go down
Fi go buy banana

Me Donkey Want Water

Me donkey want water,
Hold him Joe;
Me donkey want water,
Hold him Joe

Hold him Joe,
Hold him Joe,
Hold him Joe,
And no let him go

Me donkey love rub down,
Rub him Joe;
Me donkey love rub down,
Rub him Joe

Rub him Joe,
Rub him Joe,
Rub him Joe,
And no let him go

Me donkey like peeny,
Night time light;
Me donkey like peeny,
Night time bright

Guide him Joe,
Guide him Joe,
Guide him Joe,
And no let him go

Me Jackass gone a pound,
Bring him home Joe;
Me Jackass gone a pound,
Bring him home Joe

Bring him home Joe,
Bring him home Joe,
Bring him home Joe,
And no let him go

Me donkey full of capers,
Hold him Joe;
Me donkey full of capers,
Hold him Joe

Hold him Joe,
Hold him Joe,
Hold him Joe,
And no let him go

Sammy Dead Oh!

Sammy plant piece a corn down a gully, hmm, hmm!
An' it bear till it kill poor Sammy, hmm, hmm!
Sammy dead, Sammy dead, Sammy dead oh!
Sammy dead, Sammy dead, Sammy dead oh!

A nuh tief Sammy tief mek e kill him
A nuh tief Sammy tief mek e kill him
But a grudgeful people grudgeful mek dem kill him
Say a grudgeful people grudgeful mek dem kill him

People can't bear fi see people flourish
People can't bear fi see people flourish
Sammy dead, Sammy dead, Sammy dead oh!
Sammy dead, Sammy dead, Sammy dead oh!

Sammy plant piece a corn down a gully, hmm, hmm!
An' it bear till it kill poor Sammy, hmm, hmm!
Sammy dead, Sammy dead, Sammy dead oh!
Sammy dead, Sammy dead, Sammy dead oh!

John Crow Say Him Nah Wuk Pan Sunday

John Crow say him nah wuk pan Sunday!
Nah wuk! Nah wuk pan Sunday!
John Crow say him nah wuk pan Sunday!
Nah wuk! Nah wuk pan Sunday!
Tink a lie me tell, kill yuh mawga cow
Tink a lie me tell, kill yuh mawga cow
John Crow say him nah wuk pan Sunday!
Nah wuk! Nah wuk pan Sunday!

John Crow say him a study fi teacha!
Nah wuk! Nah wuk pan Sunday!
John Crow say him a study fi teacha!
Nah wuk! Nah wuk pan Sunday!
Tink a lie me tell, kill yuh mawga cow
Tink a lie me tell, kill yuh mawga cow
John Crow say him a study fi teacha!
Nah wuk! Nah wuk pan Sunday!

John Crow say him a study fi lawya!
Nah wuk! Nah wuk pan Sunday!
John Crow say him a study fi lawya!
Nah wuk! Nah wuk pan Sunday!
Tink a lie me tell, kill yuh mawga cow
Tink a lie me tell, kill yuh mawga cow
John Crow say him a study fi lawya!
Nah wuk! Nah wuk pan Sunday!

John Crow Say Him Nah Wuk Pan Sunday

John Crow say him a study fi parson!
Nah wuk! Nah wuk pan Sunday!
John Crow say him a study fi parson!
Nah wuk! Nah wuk pan Sunday!
Tink a lie me tell, kill yuh mawga cow
Tink a lie me tell, kill yuh mawga cow
John Crow say him a study fi parson!
Nah wuk! Him nah wuk pan Sunday!

John Crow say him a dry lan' touris'!
Nah wuk! Him nah wuk pan Sunday!
John Crow say him a dry lan' touris'!
Nah wuk! Him nah wuk pan Sunday!
Tink a lie me tell, kill yuh mawga cow
Tink a lie me tell, kill yuh mawga cow
John Crow say him a dry lan' touris'!
Nah wuk! Him nah go wuk pan Sunday!

Chi-Chi Bud Oh!

Chi-chi bud oh! Chi-chi bud oh!
Some a dem a halla, some a bawl
Chi-chi bud oh! Chi-chi bud oh!
Some a dem a halla, some a bawl

Some a John Chewit
Some a dem a halla, some a bawl
Some a Pechary
Some a dem a halla, some a bawl
Some a Patoo
Some a dem a halla, some a bawl
Some a Ballplate
Some a dem a halla, some a bawl

Chi-chi bud oh! Chi-chi bud oh!
Some a dem a halla, some a bawl
Chi-chi bud oh! Chi-chi bud oh!
Some a dem a halla, some a bawl

Some a Peadove
Some a dem a halla, some a bawl
Some a Doctor bud
Some a dem a halla, some a bawl
Some a Grassquit
Some a dem a halla, some a bawl
Some a Loggerhead
Some a dem a halla, some a bawl

Chi-chi bud oh! Chi-chi bud oh!
Some a dem a halla, some a bawl
Chi-chi bud oh! Chi-chi bud oh!
Some a dem a halla, some a bawl

Some a Nightingale
Some a dem a halla, some a bawl
Some a Black bud
Some a dem a halla, some a bawl
Some a White bud
Some a dem a halla, some a bawl
Some a White wing
Some a dem a halla, some a bawl

Chi-chi bud oh! Chi-chi bud oh!
Some a dem a halla, some a bawl
Chi-chi bud oh! Chi-chi bud oh!
Some a dem a halla, some a bawl

Some a Woodpecker
Some a dem a halla, some a bawl
Some a Ole fowl
Some a dem a halla, some a bawl
Some a Young Fowl
Some a dem a halla, some a bawl
Some a Hawk
Some a dem a halla, some a bawl

Chi-Chi Bud Oh!

Chi-chi bud oh! Chi-chi bud oh!
Some a dem a halla, some a bawl
Chi-chi bud oh! Chi-chi bud oh!
Some a dem a halla, some a bawl

Some a Cuckoo bud
Some a dem a halla, some a bawl
Some a Hoppin Dick
Some a dem a halla, some a bawl
Some a Cleng-cleng
Some a dem a halla, some a bawl
Some a Gaaling
Some a dem a halla, some a bawl

Chi-chi bud oh! Chi-chi bud oh!
Some a dem a halla, some a bawl
Chi-chi bud oh! Chi-chi bud oh!
Some a dem a halla, some a bawl

Some a John Crow
Some a dem a halla, some a bawl
Some a Quaw-quaw
Some a dem a halla, some a bawl
Some a Long Claw
Some a dem a halla, some a bawl
Some a Stewing Hen
Some a dem a halla, some a bawl!

Chi-chi bud oh! Chi-chi bud oh!
Some a dem a halla, some a bawl
Chi-chi bud oh! Chi-chi bud oh!
Some a dem a halla, some a bawl

Some a Duck
Some a dem a halla, some a bawl
Some a Tody
Some a dem a halla, some a bawl
Some a Orangequit
Some a dem a halla, some a bawl
Some a Bananaquit
Some a dem a halla, some a bawl

Chi-chi bud oh! Chi-chi bud oh!
Some a dem a halla, some a bawl
Chi-chi bud oh! Chi-chi bud oh!
Some a dem a halla, some a bawl

Sly Mongoose

Sly Mongoose, yuh name gone abroad
Sly Mongoose, yuh name gone abroad
Mongoose go inna Bedward kitchen
Tek out one a him righteous chicken
Put it inna him waistcoat pocket
Sly Mongoose

Sly Mongoose, yuh name gone abroad
Sly Mongoose, yuh name gone abroad
Mongoose say him like rice and pumpkin
Bedward say him like cornmeal dumplin'
Mongoose say yuh no know good sometin'
Sly Mongoose

Sly Mongoose, yuh name gone abroad
Sly Mongoose, yuh name gone abroad
Mongoose tek up a half-a-brick
Bedward tek up a piece a stick
Mongoose say if yuh lick a slip
Sly Mongoose

Sly Mongoose, yuh name gone abroad
Sly Mongoose
Sly Mongoose, yuh name gone abroad
No mek him get weh
Sly, Sly Mongoose,
Sly Mongoose, yuh name gone abroad
Watch deh, watch deh
Ketch him!
Sly Mongoose!

Before Me Married

Before me married an' go hug up mango tree
Me we live so me one!
Before me married an' go hug up mango tree
Me we live so me one!

A jus month before last de gal Liza married,
An' she mawga yuh see!
Everynight a she one deh a yard
She nuh see 'im till daylight

An' poor Liza, 'er husband nuh give 'er a cent
An she ha fe pay de rent
She ha fe fine money fe buy food and clothes
An' fe mine di pickney Rose

Me say, before mi married an' go bite me finga
Me we live so me one!
Me say, before mi married an' go bite me finga
Me we live so me one!

Me say, before me married an' go hug up mango tree
Me we live so me one!
Yes, before me married an' go hug up mango tree
Me we live so me one!

Judy Drownded

Judy drownded, Judy drownded!
Wha'aie oh! Judy drownded!
Judy drownded, Judy drownded!
Wha'aie oh! Judy drownded!

Judy nuh drownded, Judy inna bed!
Everybody bawl out Judy drownded.

Judy drownded, Judy drownded!
Wha'aie oh! Judy drownded!
Judy drownded, Judy drownded!
Wha'aie oh! Judy drownded!

Look under bed yuh see two co-co head
Roast one, lef one till a mornin'
Hear wha' de long mouth Madda Ga'den say
Roast one, lef one till a mornin'

Judy drownded, Judy drownded!
Wha'aie oh! Judy drownded!
Judy drownded, Judy drownded!
Wha'aie oh! Judy drownded!

Suppos'in me lef one an' de gal nuh come?
Roast one, lef one till a mornin'
Suppos'in me lef one an' de gal nuh come?
Roast one, lef one till a mornin'

Judy Drownded

Judy drownded, Judy drownded!
Wha'aie oh! Judy drownded!
Judy drownded, Judy drownded!
Wha'aie oh! Judy drownded!

Suppos'in de ribba beng come down bank to bank?
Everybody bawl out Judy drownded!
Suppos'in de ribba beng come down bank to bank?
Everybody bawl out Judy drownded!

Look under bed yuh see two co-co head
Roast one, lef one till a mornin'
Hear wha' de long mouth Madda Ga'den say
Roast one, lef one till a mornin'

Judy drownded, Judy drownded!
Wha'aie oh! Judy drownded!
Judy drownded, Judy drownded!
Wha'aie oh! Judy drownded!

Bad Mind People

I don't know, I don't know why some people bad minded so
I don't know, I don't know why some people bad minded so

If yuh hol' yuh head in de air dem sey yuh fasty an' fresh me dear
An' if yuh friendly wid dem mi love, dem sey a dry yaws yuh waan fi scrub
If yuh got nuff money fe spen, dem sey a tief yuh tief it an' den,
If yuh bruk an' out a yuh luck, dem sey a wutless whey mek yuh bruk

I don't know, I don't know why some people bad minded so
I don't know, I don't know why some people bad minded so

If yuh single an' by yuh self, bad minded people sey yuh pan shelf
An' if yuh married yuh mek big catch, or else de two a oono no match
If yuh fat an' yuh looking well, bad minded people sey yuh da swell
An' if yuh mawga an' looking t'in, dey sey consumption a ride yuh skin

I don't know, I don't know why some people bad minded so
I don't know, I don't know why some people bad minded so

If yuh dress up an' wear good clothes, bad minded people sey yuh a pose
An' if one day yuh no change yuh frok, dem call yuh poting an' naked back
If yuh go church a Sunday time, dem sey a axe yuh da try fe grind
An' if yuh stay home an' take a rest, dem sey poor hypocrite im a confess

I don't know, I don't know why some people bad minded so
I don't know, I don't know why some people bad minded so

She mawga yuh see!

Me spirit nuh tek to him

Him su'mell frowzy

HER MOUTH LONG LIKE...

She deh pose

A tief him tief

Fyah bun fi yuh!

Him a wutless man

De Buggy Bruk

De buggy bruk, de buggy bruk
De buggy bruk an de harse fall dung.
De buggy bruk, de buggy bruk
De buggy bruk an de harse fall dung.

De harse get up, de harse get up
De harse get up an 'im gallop gone.
'Im gallop gone, 'im gallop gone
'Im gallop gone pon Miss Mary land.

Miss Mary land, Miss Mary land
De harse a chaw up Miss Mary land.
Miss Mary gone after lumber stick
Miss Mary gone after lumber stick.

She fling de stick, she fling de stick
She fling de stick an Busha get lick.
Busha get lick, Busha get lick
Busha get vex and pick up a brick.

A fight going bruk, a fight going bruk
A fight going bruk inna a Jackass Town.
And all because, de buggy bruk
De buggy bruk an de harse fall down.

De buggy bruk, de buggy bruk
De buggy bruk an de harse fall down.
De buggy bruk, de buggy bruk
De buggy bruk an de harse fall down.

Dry-weather House

Dry-weather house, dem nuh wut a cent,
An' yet we have fi pay so much for di rent.

When rainy weather was raisin' cane
Di dry-weather house dem couldn't stand the strain.
All di house dem began to leak,
An' the whole foundation start to squeak.

Dry-weather house, dem nuh wut a cent,
An' yet we have fi pay so much for di rent.

One Monday morning a landlord went
To his tenant to get di rent.
But di tenant sey "Massa, me nuh fool!
Me nah pay nuh rent fi nuh swimming pool."

Dry-weather house, dem nuh wut a cent,
An' yet we have fi pay so much for di rent.

"Look pon di room yuh rent mi to live
Di whole a di roof is just like a seive.
When mi go to bed an' mi sleeping sound
If it rain too hard, mi woulda sure fi drown."

Dry-weather house, dem nuh wut a cent,
An' yet we have fi pay so much for di rent.

"As to di yard, it is so-so spam
When rain cum, all di tenants ha fi scram.
No matter how yuh walk an' walk wid care
'Putter, putter, putter' is all yuh hear."

Dry-weather House

Dry-weather house, dem nuh wut a cent,
An' yet we have fi pay so much for di rent.

"Some a di room dat yuh rent
Dey just like a scorpion tent.
Wen yuh go a bed, if yuh don't take thine oath
In di middle a di nite cockroach wi cut yuh throat."

Dry-weather house, dem nuh wut a cent,
An' yet we have fi pay so much for di rent.

"Di yard nuh have nuh kitchen, it nuh have nuh bath
An' when yuh complain, bailiff mark yuh naught.
Dat's is why di tenants dem bathe 'till late
An' dem catch dem bath inna enamel plate."

Dry-weather house, dem nuh wut a cent,
An' yet we have fi pay so much for di rent.

"Some a di room dem is way too small
Dat yuh can't even turn inna dem at all.
Wen yuh want fi turn, yuh got to go outside,
Den yuh tun yuh back an' reverse inside."

Dry-weather house, dem nuh wut a cent,
An' yet we have fi pay so much for di rent.

This dry-weather house, it don't worth a cent!

Dip an' Fall Back

Dip an' fall back, dip an' fall back
My advice there is nothing nice
Like the dip an' fall back

Now when the war was ovah an' everything was scarce
An' man was experimenting wid tings to fill dem space
We had a lot of food, but de meat was out a stock
So to get a blen, we recommend the dip an' fall back
Some people call it 'dasheen', some call it 'fill me up'
Some call it 'rock an' fall back' but mi call it 'full me gut'

Dip an' fall back, dip an' fall back
My advice there is nothing nice
Like the dip an' fall back

But how di ting so sweet, an' how it mek yuh fat
Jus buy a pot an' larn fe cook de dip an' fall back
Yuh get a cod or herring, an' put it dung fi soak
Get a bone dry coconut, yuh don't need no pork
Yuh grater dung the coconut, an' put it on fe bwile
Till the custard start sekkle dung pan the coconut ile

Dip an' fall back, dip an' fall back
My advice there is nothing nice
Like the dip an' fall back

Now yuh tek the cod or herring, an' put it on fe steam
Wid the peppa, tomato, skellion until it form a cream
Now stew the beef or mackerel, herring, pork or sprat
All a dem so sweet, when yuh start fe eat de dip an' fall back

Dip an' Fall Back

Dip an' fall back, dip an' fall back
My advice there is nothing nice
Like the dip an' fall back

Yuh crush de bwile banana an' yu eat it wid de dip
Get a mug a bebrige an' so yuh dip yuh sip
An' if de war should come yah, an' bum begin fed rap
A would a face a tank or a long range gun fi mi dip an' fall back

Dip an' fall back, dip an' fall back
My advice there is nothing nice
Like the dip an' fall back

Mass John sey tek mi lan, tek mi mule an' tek mi dray
Tek mi married wife an' me tree sweetheart away
Tek away mi house an' tek way mi burial spot
But don't skylark or a bus yuh head fi me dip an' fall back.

Dip an' fall back, dip an' fall back
My advice there is nothing nice
Like the dip an' fall back

Mango Time

Me nuh drink coffee tea, mango time
Care how nice it may be, mango time
At de height of de mango crop
When de fruit dem a ripe an' drop
Wash yuh pot, tun dem down, mango time

Mek we go mango walk, mango time
Far dat is di only talk, mango time
Mek we jump pon de big jackass
Ride him dung an' nuh stap a pass
For de bankra mus full up, mango time

De turpentime large an' fine, mango time
Robin mango so sweet, mango time
Number eleven an' hairy skin
Pack de bankra an' ram dem in
Mek de bes a de crop, mango time

Me no drink coffee tea, mango time
Care how nice it may be, mango time
At de height of de mango crop
When de fruit dem a ripe an' drop
Wash yuh pot, tun dem down, mango time

Me Coffee

Me coffee, me coffee
Me coffee, me coffee
Me bowl of boiling coffee
In the morning

I care for nothing else
The only thing for me
Is me bowl of boiling coffee
In the morning

Some people like the chocolate
Some people like the tea
Some drink the sugar and water
And some the lemonade

But I care for none of these
The only thing for me
Is me bowl of boiling coffee
In the morning

Me coffee, me coffee
Me coffee, me coffee
Me bowl of boiling coffee
In the morning

Sometimes I taste the chocolate
With me ackee and salt fish
With me yellow heart breadfruit
Ripe pear and coconut oil

Me generally say me prayers
But sometimes me forget
But me always have me coffee
In the morning

Me coffee, me coffee
Me coffee, me coffee
Me bowl of boiling coffee
In the morning

Me is an old man now
And me often working hard
But I have seen the good old days
And I was satisfied

I still hold together
And I still praise the Lord
And I always have me coffee
In the morning

Me coffee, me coffee
Me coffee, me coffee
Me bowl of boiling coffee
In the morning

Man Piaba

One day I met an old lady selling
And I wanted something to eat
I thought she had bananas, oranges, and pear
But I took back when we meet
She had a basket full of plenty weeds
And was calling like she was mad
I can't remember all that she called
But these were a few she had

She had:
Man Piaba, Woman Piaba
Tom Tom, Fall Back, and Lemongrass
Minny Root, Gully Root, and Granny Backbone
Dead Man Get Up, and Lib and Turro
Coolie Bitters, Corrilla Bush, and the old Compellance Weed
Sweet Broom, Cow Tongue, and Granny Scratch-scratch
Belly Full, and the Guzum Weed

She had:
Fill up for Mumma, Build up for Puppa
Ching Peas, Strongback, Root and Tullo
Chainy Root, Sarsaparilla, Madam Fate
And the Duppy Duppy
Burvine, Fig Weed, Duck Weed, Desist
Lime Leaf, and the Bamboo Root
Dibby Dibby Milkweek, and the Ackee Bush
And the one they call Puss in Boots

Man Piaba

She had:
Ramgoat Dash Along, Quaquo Bush
Jacob's Ladder, and the Alligator Weed
Mandingo Pusley, Jackna Bush
The Chigga Nit, and the Guinea Hen Weed
Vin Blagga, the Devil Horse Whip
And the Late Revival Weed
The only one she didn't have
Was the wicked Ganja Weed

I said to her dear lady
Weeds are good, I understand
But weeds don't have a meaning
To a very hungry man
If you had bananas, yam, and peas
I would be happy when we meet
So go back home with all your weeds
And bring me something to eat

Instead of:
Man Piaba, Woman Piaba
Tom Tom, Fall Back, and Lemongrass
Minny Root, Gully Root, and Granny Backbone
Dead Man Get Up, and Lib and Turro
Coolie Bitters, Corrilla Bush, and the old Compellance Weed
Sweet Broom, Cow Tongue, and Granny Scratch-scratch
Belly Full, and the Guzum Weed

Carry Me Ackee Go a Linstead Market

Carry me ackee go a Linstead Market
Not a quattie wut sell
Carry me ackee go a Linstead Market
Not a quattie wut sell

Lawd wat a night, not a bite
Wat a Saturday night
Lawd what a night, not a bite
Wat a Saturday night

Everybody come feel up, feel up
Wat dem Mama no bring
Everybody come feel up, feel up
Wat dem Mama no bring

Lord wat a night, not a bite
Wat a Saturday night
Lord wat a night, not a bite
Wat a Saturday night

Duh me Mama don't beat me, beat me
Sake a Merry-go-round
Duh me Mama don't beat me, beat me
Sake a Merry-go-round

Lawd wat a night, not a bite
Wat a Saturday night
Lawd wat a night, not a bite
Wat a Saturday night

Carry Me Ackee Go a Linstead Market

All di pickney dem a linga, linga
Fi weh dem Mama no bring
All di pickney dem a linga, linga
Fi weh dem Mama no bring

Lawd wat a night, not a bite
Wat a Saturday night
Lawd wat a night, not a bite
How di pickney gwine feed?

Ackee
(Blighia sapida)

Ackee is the National Fruit of Jamaica. The plant came to the island from West Africa. Ackee and saltfish is the country's national dish.

Illustrations

Front Cover:
Philip Henry Gosse, Illustrations of the Birds of Jamaica (London: John Van Voorst; 1849) p. 19, Trocbilus polytmus (♂male) Reeve, Benham & Reeve, imp. Plate XIX: Trochilus polytmus, (♂male) Linn

Page 4:
Annie Brassey, In the trades, the tropics, & the roaring forties (New York: H. Holt and Company; 1885) p.204

Page 12:
Thierry Frères, "Esclaves nègres, de différentes nations"; lith. de Thierry Frères, succrs. de Engelmann & Cie.; 1834~1839
Illustration showing faces of black women slaves from various tribes reflecting different styles of dress and adornment. Illustration in: Jean Baptiste Debret, Voyage pittoresque et historique au Brésil (Paris : Firmin Didot Frères:1839) v. II, p. 22.

Page 13:
Richard Bridgens, "Negro Figuranti, Figures showing various types of Negro dance." Illustration in: Richard Bridgens, West India Scenery, with Illustrations of Negro Character, the process of making sugar, &c, from sketches taken during a voyage to, and residence of seven years in, the island of Trinidad. (London: R. Jennings & Co.; 1836). p. 789. g.13, plate 22.

Page 14:
A. Duperly & Sons, Picturesque Jamaica (Kingston: A. Duperly & Sons; 1909) p. 60. "Banana Carriers"

Page 15:
A. Duperly & Sons, op. cit. p. 61. "Loading Bananas. Port Antonio"

Page 16:
A. Duperly & Sons, op. cit. p. 34. "The Wag-River Castleton"

Page 17:
A. Duperly & Sons, op. cit. p. 36. "Bog walk"

Page 18 shows in descending order:
1) "A View in the Island of Jamaica of part of the River Cobre near Spanish Town," by George Robertson. Handcoloured engraving, published by John and Josiah Boydell, London, 1778. 16 ¼ x 22in. (41 x 56cm.)
2) "On Board a Slave Ship." Captives being brought on board a slave ship on the West Coast of Africa (Slave Coast), c1880.
3) "Stowage of the British Slave Ship 'Brooks' Under the Regulated Slave Trade Act of 1788."
4) "Digging Holes for Planting Sugar Cane." Image taken from William Clark, Ten Views In the Island of Antigua, in Which are Represented the Process of Sugar Making, During a Residence of Three Years in the West Indies (London,1823).

Page 19 shows in descending order:
1) Richard Bridgens, "Planting the Sugar Cane," or 'Negroes digging holes with a hoe, and placing the plants in the holes." Illustration in Richard Bridgens, op. cit. p. 789.g.13, plate 8.
2) "Field gang of men and women, digging cane holes in preparation for planting." Image accompanies article, "Sugar Cultivation in the West Indies." The Illustrated London News (June 9, 1849), Vol. 14, pg. 388; see also Ballou's Pictorial (Feb. 10, 1855), pp. 84-85.
3) "Jamaica Negroes Cutting Cane in their Working Dresses." Image taken from H. T. De La Beche, Notes on the Present Condition of the Negroes in Jamaica (London, 1825), frontispiece.
4) Howard Pyle, "Jamaica, New and Old," Harper's New Monthly Magazine. Vol. LXXX. No. CCCCLXXVI. 1889-1890 Dec-May p. 175 #2. "A curious group travelling along a hot, dusty road."

Page 20 shows in descending order:
1) A. Duperly & Sons, op. cit. p. 43. "Cane River"
2) Photo of Alexander Bedward, XX. "Bedward, The Shepherd of August Town," in Martha Warren Beckwith, Black Roadways (Chapel Hill: University of North Carolina Press, 1929) Illus. XX. after p. 170 and before p.171

Page 21:
Adrien Emmanuel Marie, "Coloured Life in Jamaica," a Giclee Print poster, lower section "Returned: 18 Months After" (1891)

Illustrations

Page 22:
Howard Pyle, op. cit. p. 383 "They were dressed in loose sackcloth shirt and drawers."

Page 23:
Postcard "Greetings from Jamaica," Banana Carriers, showing Breadfruit Tree.

Page 24:
"Donkey with Hampers," or "Very Worldly-Wise," Photogrph by Dr. Whitney in Mary O. Walcott, The Island of Sunshine: Verses by "Tropica" (New York: The Knickerbocker Press; 1904) p. 15

Page 25:
James Mursell Phillippo, Jamaica: its past and present state (London J. Snow; 1843) p. 244. "Heathen Practices at Funerals"

Page 28:
Philip Henry Gosse, op. cit, p. 19, Trocbilus polytmus (♂male)
Reeve, Benham & Reeve, imp. Plate XIX: Trochilus polytmus, (♂male) Linn

Page 29:
Philip Henry Gosse, op. cit, p. 14, Todus viridis. Plate XIV: Todus viridis. Linn

Page 31:
Adrien Emmanuel Marie, op. cit, mid-section "A Village Belle" (1891)

Page 32 shows in descending order:
1) Howard Pyle, op. cit, "A turbaned negro woman sat with her knitting." p. 390
2) Howard Pyle, op. cit, "Two negro women stood gossiping and cooling their feet." p. 394

Page 33:
Howard Pyle, op. cit, "Squatted on a long, and talked in a sad, melancholy manner." p. 181

Page 35:
Annie Brassey, op. cit. p. 247

Page 42:
Mexican Sarsaparilla, Smilax aristolochiifolia (Smilax medica). Chromolithograph after a botanical illustration from Hermann Adolph Koehler in Köhler's Medizinal-Pflanzen (Köhler's Medicinal Plants), edited by Gustav Pabst, (Germany: Franz Eugen Köhler; 1887) Volume 1.

Page 43:
Ibid, Petiveria Alliacea, (aka, Guinea Hen Weed, Anamu)

Page 44:
Howard Pyle, op. cit, "A hot, broad, all-pervading glare of sunlight." p. 171

Page 45:
Edgar Mayhew Bacon and Eugene Murray Aaron, The New Jamaica, Illustrated by the authors after original sketches and from photgraphs taken by Dr. Jas Johnstone and others (New York: Walbridge & Co. and Kingston: Aston W. Gardner & Co.; 1890), "Half-way Tree and Constant Spring." p. 95

Page 48:
Annie Brassey, op. cit. p. 244

Back Cover:
Philip Henry Gosse, op. cit, p. 14, Todus viridis.
Reeve , Benham & Reeve, imp. Plate XIV: Todus viridis. Linn

Folk Songs of Jamaica

WALK GOOD!